EXTRAIT DE LA
Revue de Bretagne, de Vendée et d'Anjou

ARTHUR DE LA BORDERIE

Membre de l'Institut

LA BATAILLE DES TRENTE

(26 MARS 1351)

VANNES

IMPRIMERIE LAFOLYE

1899

EXTRAIT DE LA
Revue de Bretagne, de Vendée et d'Anjou.

ARTHUR DE LA BORDERIE

Membre de l'Institut.

LA BATAILLE DES TRENTE

(26 MARS 1351)

VANNES
IMPRIMERIE LAFOLYE

1899

Lk 1828

LA BATAILLE DES TRENTE[1]

(26 Mars 1351).

I

LA CAUSE DE LA BATAILLE

Trente Bretons, trente Anglais : un petit nombre, une grande cause[2].

Ces *Trente* sont, de part et d'autres les champions attitrés de deux vieilles races qui viennent, dans un champ-clos solennel, montrer au monde la vaillance de leur sang, la force de leurs bras et de leurs cœurs, l'invincible antipathie de leurs âmes et de leurs caractères.

Pas un des soixante champions, quoi qu'en ait dit Froissart, ne

1. Extrait du tome III de l'*Histoire de la Bretagne*, par M. Arthur de la Borderie.

2. L'histoire du combat des Trente se fonde sur deux témoignages contemporains de l'événement : les Chroniques de Froissart, et un poème ou, si l'on veut, une chronique rimée émanant probablement d'un témoin oculaire, intitulée : *La Bataille de XXX. Englois et de XXX. Bretons*, ou simplement *la Bataille des Trente*, — car au moyen âge et chez nos anciens historiens cette lutte fameuse est toujours appelée *bataille* et non *combat*. Le récit spécial assez étendu qu'en donne Froissart est au tome IV de l'édition Luce, p. 110 à 115 et 338 à 340. Deux mentions incidentes de la bataille des Trente se rencontrent encore dans le même chroniqueur, l'une à l'année 1348, même édition, même volume, p. 70 et 302, l'autre à l'année 1377, édit. Luce continuée par M. Raynaud, t. IX, p. 4.

Quant au poème, l'original n'existe plus ; il en reste deux copies écrites à la fin du XIVe siècle ou au commencement du XVe, l'une en Bretagne, l'autre en Picardie dans laquelle les noms propres sont affreusement estropiés, l'une et l'autre présentant de nombreuses lacunes mais se complétant l'une par l'autre et formant ainsi un ensemble de 38 *laisses* ou couplets monorimes à la façon des chansons de geste et de 584 vers de douze syllabes. — La copie picarde, ayant appartenu à un érudit du XVIIe siècle nommé Bigot, et dite pour cela *Ms. Bigot*, existe à la Bibliothèque Nationale dans le ms. fr. 1555, f. 50 v° à 58 v° ; elle a été éditée par Crapelet en 1827 et en 1835. La

songeait là à joûter pour l'honneur de « sa dame ou l'amour de son amie[1]. » Le débat était tout autre.

Depuis dix ans se poursuivait la guerre de la succession de Bretagne. Depuis dix ans, depuis six surtout, c'est-à-dire depuis la mort du comte de Montfort qui était le duc de Bretagne pour une partie des Bretons et pour les Anglais, — ces Anglais, sous prétexte de soutenir la cause de Montfort, pressuraient, torturaient la Bretagne par une exploitation sans cœur et sans entrailles. En 1351, dans une circonstance notable, un baron de Bretagne, des plus renommés pour sa vaillance et pour sa vertu, eut l'occasion de reprocher aux Anglais l'odieux de cette conduite, indigne d'hommes se disant chevaliers et chrétiens, et les somma d'y renoncer. La guerre de Bretagne étant avant tout pour les Anglais une très-fructueuse opération commerciale, ceux-ci refusent énergiquement de répudier ce gain honteux, et prétendent en justifier la légitimité. Le Breton indigné s'écrie :

— « Dieu soit juge entre nous ! Que chacun de nous choisisse trente à quarante champions pour soutenir sa cause. On verra de quel côté est le droit. » (*Laisse* 4 du poème, édition Crapelet, p. 15).

Cette cause était grande et haute. Il s'agissait de savoir si, dans l'état de guerre trop fréquent au moyen-âge, les populations inoffensives, les petits et les faibles, surtout les habitants des campagnes, devaient être foulés aux pieds comme un vil bétail, ou si l'on était tenu d'observer envers eux autant que possible la loi chrétienne de l'humanité et de la justice.

C'est depuis peu de temps d'ailleurs qu'on connaît, sinon complètement, du moins plus exactement, tous les maux commis contre la Bretagne par les Anglais dans cette longue et trop longue guerre de Blois et de Montfort.

copie bretonne, que nous appelons *Ms. Didot* parce qu'elle provient de la célèbre bibliothèque Firmin Didot, est aussi actuellement à la Biblioth. Nationale, sous la cote *nouv. acq. fr.* 4165 ; elle se compose de 8 feuillets vélin n-4° et est encore inédite. — Dans nos citations et nos renvois, nous indiquons le chiffre de la *laisse* à laquelle appartiennent les vers cités ou analysés, et la page de l'édition Crapelet où ils figurent.

[1] Froissart-Luce VI, p. 111 et 338.

Il ne s'agit pas ici de ces ravages, de ces pilleries accidentelles exercées par un parti sur le parti adverse : fléau tristement inséparable de toute guerre.

Les Anglais avaient imaginé beaucoup mieux. Peu leur importait qu'on fût ami ou ennemi : d'autant que dans cette lutte de Blois et de Montfort, les habitants des campagnes bretonnes, les paysans, étaient presque partout indifférents à l'objet de la querelle et obéissaient sans résistance au parti qui dominait dans leur voisinage. Il n'y avait donc nul prétexte pour les maltraiter ni les piller Mais les Anglais n'avaient pas besoin de prétexte pour mettre la Bretagne en coupe réglée. Dans tout le territoire sur lequel ils dominaient, ils imposaient, chaque année, à toutes les paroisses rurales (si soumises qu'elles fussent) des contributions de guerre fort élevées en argent ou en nature, qu'ils appelaient *redemptiones*, les « raençons, » et c'était bien des rançons, car les paroisses qui ne pouvaient payer devaient être *détruites*, incendiées et saccagées sans merci (*comburari, prædari, destrui*). Les Anglais se croyaient très doux, très indulgents, quand avant d'en venir là ils saisissaient les principaux habitants, leur mettaient les fers aux pieds et aux mains et les accablaient de mauvais traitements pour les contraindre à s'exécuter.

A chacune des principales places et forteresses occupées en Bretagne par les Anglais il était ainsi attribué, tout autour d'elle, un nombre plus ou moins grand de paroisses rurales, dont le capitaine de cette place pouvait lever les *rançons*, c'est-à-dire les contributions arbitrairement imposées par lui, sauf à donner à sa garnison une part du gâteau.

Par les comptes de Gilles de Wyngreworth, trésorier de Bretagne pour le roi d'Angleterre en 1360, nous connaissons les districts ruraux dont les rançons étaient attribuées aux trois places anglaises de Vannes, de Bécherel et de Ploërmel. Cette dernière avait à exploiter quatre-vingts paroisses, dont quelques-unes situées jusque sur la baie de Saint-Brieuc[1]. Quant aux rançons imposées à ces

[1] Pendant la guerre de Bretagne, pour dominer le pays de Retz et s'approprier le commerce de la baie de Bourgneuf, les Anglais élevèrent au fond de cette baie le fort du Colet. Le roi d'Angleterre livra au capitaine et à la garnison de ce fort trente paroisses sur lesquelles il leur abandonna le pou-

paroisses, citons seulement trois ou quatre exemples : *Merdrignac* devait payer au terme de Pâques, en nature ou en espèces, une somme répondant à 12000 francs environ valeur actuelle ; *Ménéac*, 15000 fr., -- *Plumieux*, 14000 fr., *Plémet*, même somme, *Hillion*, 11000 fr., etc. etc. Et ce n'était là encore que la moitié de leurs *rançons* ; chacune de ces paroisses en devait fournir autant à la Saint-Michel. – Ce rançonnement des pauvres paroisses bretonnes était on le voit, un vrai brigandage organisé[1].

Veut-on savoir à quel point, à quel excès, les chefs anglais les plus huppés, poussaient ce brigandage ? L'histoire de William Latimer nous l'apprendra. C'était un des capitaines les plus en renom durant la guerre de Bretagne ; il eut pendant longtemps dans cette guerre la garde de la place de Bécherel, l'un des postes anglais les plus militants, auquel on avait attribué les *rançons* d'un vaste territoire comprenant une centaine de paroisses. Il tenait de plus sur la Rance une autre forteresse, le château de Plumoison[2], qui pillait tous les bateaux de cette rivière. Latimer, grâce à toutes ces rançons et tous ces pillages, revint en Angleterre chargé d'une fortune énorme, et de plus d'une lourde accusation de vol et de

voir de lever « les *ranceons*, » c'est-à-dire trente paroisses à tondre, piller, ruiner systématiquement ; la charte royale qui organise ce brigandage, datée du 20 mars 1362, nous a été conservée ; ces paroisses sont : Bouaie, Fresnai, Pont Saint-Martin, Rezé, Saint-Lumine de Coutais, Port Saint-Père, Saint-Philbert de Grandlieu, le Pallet, Indret, Bouguenais, Saint-Jean de Bouguenais (auj. Saint-Jean de Boiseau), le Pellerin, Sainte-Pazanne, Saint-Hilaire de Chaléon, Brains, Aigrefeuille, Vertou Château-Thébaud, Haute et Basse Goulaine, le Loroux-Botereau, Geneston, Saint-Sébastien près Nantes, Roche-Ballu (en Bouguenais), le Bignon, Pilon (en Cheix), le Coin (auj. S. Fiacre), Montbert, Vallet, Pont-Rousseau, Saint-Léger, Cheix. (Voir Rymer, édit. 1816, III, 2e part. p. 642, cf. René Blanchard, *Le pays de Retz et ses seigneurs pendant la guerre de Cent Ans*, p. 8-9). On le voit, c'est tout l'Outre-Loire nantais, de la baie de Bourgneuf à la frontière angevine : la ruine de tout un pays savamment organisée, ce n'était pas trop pour l'appétit de ces rapaces.

[1] Sur cette question des rançons voir spécialement le compte de Gilles de Wyngreworth, de la S. Michel 1359 à la S. Michel 1360, existant à Londres. (Record Office, *Exchequer*, *Q. R. The realm of France*, 482/7). Document communiqué par M. J. Lemoine.

[2] *Plumoison*, dit aujourd'hui *Plumasson*, répond à la situation actuelle du Chêne-Vert, sur la rive gauche de la Rance.

brigandage portée contre lui devant le roi par les Bretons et attestée par une enquête solennelle. Longtemps cette accusation dormit. Mais, vers la fin du règne d'Edouard III (en 1376), Latimer étant tombé en disgrâce, elle fut reprise par les Communes anglaises ; il fut prouvé que, grâce aux *rançons* et extorsions de toutes sortes exercées sur les Bretons tant par lui que par ses agents et officiers, il avait tiré de Bretagne, c'est-à-dire volé aux pauvres Bretons, une somme répondant à plus de trente millions, valeur actuelle. Et malgré tout ce qu'il put dire pour sa défense, il fut par le Parlement comdamné à la prison et privé de toutes ses charges[1].

Si effroyable était la misère causée aux campagnes bretonnes par l'affreux régime des *rançons* sur les paroises rurales, que le matin de la bataille d'Aurai, les Anglais ayant proposé une trêve pour cinq ans à condition de garder pendant ce temps le droit de lever ces rançons, Charles de Blois s'écria : « Plutôt que de laisser mon peuple, dont j'ai si grand pitié, en proie à de telles angoises, je préfère m'en remettre aux chances de la guerre, à la volonté de Dieu, et je veux combattre pour le défendre[2]. »

Un autre témoignage, plus décisif encore en un sens puisqu'il émane d'un Anglais, et qui a trait directement à notre sujet, c'est celui de Thomas de Dagworth, le vainqueur de la Roche-Derrien, le lieutenant général du roi Edouard III en Bretagne.

Et Dieu sait qu'il n'avait pas le cœur tendre ce Dagworth, nous en avons vu plus haut une belle preuve (ci-dessus, p. 504). Eh bien, quand il eut pendant quelque temps présidé à l'exécution sur les pauvres paysans de Bretagne de cet odieux supplice des *rançons*, il fut si vivement touché de leur misère, si révolté d'une telle cruauté, qu'il en prescrivit la suppression :

> En son vivant avoit, pour certain, ordonné
> Que les menues gens, ceux qui gaignent le blé,
> Ne fussent des Anglois plus prins ne guerroyé.[3]

[1] *Rotuli Parliamentorum tempore Edwardi regis* III. Rotulus Parliamenti tenti apud Westmon. die Lune proxima post festum S. Georgii, anno regni regis Edwardi III quinquagesimo (1376), p. 324b à 326b (Biblioth. Nat. Imprimés).

[2] Enquête de canonisation de Charles de Blois, 56e témoin, dans D. Morice, *Preuves*, II, col. 24 ; et Froissard, édition Luce, VI, p. LXXII.

[3] Laisse 3, ms. Didot., cf édit. Crapelet, p. 14.

Malheureusement il mourut dans l'année même. On a vu (ci-dessus, p. 509) comme il fut attaqué et massacré traîtreusement par le méprisable mercenaire Raoul de Caours au commencement d'août 1350.

La mort de Dagworth, surtout en de telles circonstances, mit à néant la mesure de justice édictée par lui. Bien plus, pour venger cette mort les chefs anglais redoublèrent de rigueur, de rapacité et de cruauté, et parmi eux se distingua par une brutalité, une férocité toute particulière, messire Robert Bembro, capitaine anglais de la place de Ploërmel :

« Si s'efforça Bembro de tout son pouoir (dit un vieil auteur « d'après l'un des manuscrits de notre poème) venger la mort, de Da- « gorne (Dagworth) non seulement sur les gens d'armes de la partie « de messire Charles, mais aussi détruisit-il les terres et les champs, « et les hommes laboreux (laboureurs) et cultiveux des terres print « et emmena prisonniers en sa garnison de Ploërmel, et les y tint « longuement en grant captivité, sans en avoir aucune pitié...

« Quelle chose voyant le sire de Beaumanoir, qui pour messire « Charles de Bloys tenoit lors la ville et le chastel de Jocelin atout [1] « une grant garnison de Bretons, et considérant les oppressions que « lesditz Anglois fesoient aux populaires qui n'avoient espace de « arer [2] les terres dont eux et les gens d'armes estoient substantez « et nourriz, ains [3] convenoit és uns estre fuitifs de leurs propres « mansions [4], et les autres estoient prins et achietivez [5], il se « transporta un jour de la ville de Jocelin à celle de Ploërmel, sur « le sauf conduit dudit messire Bembro, pour traiter de la délivran- « ce desditz pouvres laboreux, et qu'ilz pussent dans leurs maisons « en seurté demourer [6] »

Aux portes de Ploërmel un spectacle étrange frappa les yeux de Beaumanoir, un flot amer de colère et de pitié gonfla son cœur. Des troupes de paysans qui n'avaient pu payer leurs *rançons*, étaient là

[1] Avec.

[2] Moyen de labourer.

[3] Mais.

[4] Maisons.

[5] Retenus en captivité.

[6] Pierre Le Baud, *Histoire de Bretagne* inédite; Bibliothèque Nationale, ms. fr. 8266, f. 238.

les fers aux pieds et aux mains, liés deux à deux, trois à trois, comme des bœufs que l'on mène vendre, en butte aux coups des soudards anglais, voués à leurs prisons infectes.

Malgré sa sagesse et sa modération bien connues, Beaumanoir ne peut contenir son indignation. Dès qu'il aperçut Bembro, il lui dit sans arrogance mais d'un ton sévère :

— C'est grand péché à vous, chevaliers d'Angleterre, de tourmenter de la sorte le menu peuple, les pauvres paysans qui sèment le blé et qui nous procurent en abondance le vin et le bétail S'ils n'y avait pas de laboureurs, où en serions nous ? Voilà trop longtemps qu'ils souffrent, il faut qu'ils aient la paix à l'avenir. C'est là l'ordre, la dernière volonté de votre chef Dagworth ; hélas ! on ne la respecte guère. Mais vous, Bembro, l'exécuteur attitré de son testament, je vous somme de l'exécuter [1] !

— Taisez-vous, Beaumanoir ! crie arrogamment Bembro. Ne parlez pas de telles misères. Demain Montfort sera duc de toute la Bretagne, Edouard roi de toute la France, et les Anglais maîtres partout en dépit des Français.

Beaumanoir, qui connaissait le personnage, savait comment il fallait le traiter :

— Vous voilà encore, Bembro, avec vos rêves saugrenus et vos ridicules bravades ; je n'en fais aucun cas Ceux qui crient le plus haut sont souvent les premiers à lâcher pied. Pour agir en homme sérieux, vous et moi, voici ce qu'il faut faire. Il faut nous rencontrer en face l'un de l'autre à un jour fixé, au nombre de trente, quarante, cinquante champions de chaque côté, et nous battre là rudement, loyalement. On verra alors, sans plus de paroles, de quel côté est le droit.

— Par ma foi j'accepte ! dit Bembro [2].

Beaumanoir, qui ne voulait pas être joué par le pèlerin, insiste :

— N'allez pas manquer à votre parole, Bembro. On fait souvent,

[1] « Le testament Dagorne (Dagworth) est bientost oublié
Executour en estes : qu'il soit exécuté ! »

(Laisse 3, Crapelet p. 15). Le dernier vers manque dans Crapelet, mais il est dans le ms. Didot.

[2] Laisses 3 et 4, édit. Crapelet, p. 15 et 16.

surtout après dîner, de grandes fanfaronades que l'on désavoue ensuite, et cela vous est déjà arrivé, car si vous êtes vaillant, vous êtes léger et retors. Vous aviez pris jour naguère avec Pierre Angier pour un combat du genre de celui-ci ; au jour dit, il était à vous attendre au lieu convenu avec soixante cavaliers ; vous, Bembro, on ne vous vit pas. N'allez pas me jouer le même tour, il vous en cuirait[1].

Bembro jure solennellement qu il sera le premier sur le champ de bataille. Puis on convient du nombre des combattants : trente de chaque bord ; — du lieu de la rencontre : le chêne de Mi-Voie, à moitié route entre Ploërmel et Josselin ; — de la date : le samedi 26 mars 1351[2] ; — et enfin des conditions de la lutte qui furent celles du *combat à volonté*, c'est-à-dire que chacun des soixante champions eut toute liberté de se battre comme il lui plairait soit à pied soit à cheval, avec les armes qu'il voudrait, sans autre obligation que d'observer dans ce combat les règles de la loyauté chevaleresque[3].

Ainsi la bataille des Trente ne fut résolue, livrée, que pour convaincre d'ignominie, aux yeux du monde entier, la brutale et féroce rapacité des Anglais envers les pauvres laboureurs. Outre la vaillance incomporable des Bretons dans cette lutte, ce qui en fait la grandeur,

[1] Laisses 5 et 6, du poème dans le ms. Didot : elles manquent dans le ms. Bigot et par conséquent dans l'édition Crapelet.

[2] Jusqu'ici tous les historiens qui ont parlé de la Bataille des Trente la mettent le 27 mars 1351, c'est aussi la date inscrite sur la pyramide commémorative de Mi-Voie. Cette date est fausse d'un jour. D'après le poème contemporain, ce combat fut livré le samedi, veille du dimanche *Lætare Jherusalem*, c'est-à-dire du quatrième dimanche de Carême. En 1351, Pâques tombant le 17 avril, le dimanche *Lætare* était le 27 mars, et par conséquent la veille de ce dimanche, jour du combat des Trente, était non pas le 27 mars, mais le 26. Voir le titre et la conclusion du poème, édit. Crapelet, p 13 et 35 ; et la laisse 34, Crapelet. p. 30.

[3] Laisse 7, Crapelet, p. 16, Mais dans l'édition Crapelet et le ms. Bigot, il manque trois vers de cette laisse et les plus importants ; la voici complète, d'après le ms. Didot :

Ainsi fut la bataille jurée par tel point,
Et que sans nulle fraude loyaulment le feroint,
Et d'un costé et d'aultre touts à cheval seroint,
Ou trois, ou cinq, ou six, ou toutz, se ilz vouloint,
Sans election d'armes; ainxin se combatroint
En guise et manière que chascun le vouldroint.

ce qui lui assure à jamais l'hommage de l'humanité, c'est d'avoir été soutenue pour la cause même de l'humanité, pour la défense des petits et des faibles, et d'avoir dressé fièrement, devant l'abus de la force pratiqué par une politique sans cœur, la suprême protestation du droit et de la justice.

II

LES COMBATTANTS. — LES PRÉLIMINAIRES DE LA BATAILLE.

Avant d'entrer dans le récit de la lutte, il convient de nommer les combattants, et d'abord de faire connaître le chef de l'entreprise, Jean de Beaumanoir.

La terre de Beaumanoir, grande châtellenie étendue sur le haut cours de la Rance, a son chef-lieu, son château en la paroisse d'Evran. Le premier de ses seigneurs connus dans l'histoire, Hervé de Beaumanoir, se trouva à Vannes en 1203, dans l'assemblée des barons de Bretagne formée pour tirer vengeance de l'assassinat du jeune duc Arthur par le brigand Jean sans Terre[1]. Dans le milieu du XIIIe siècle les Beaumanoir, par suite d'une alliance, joignirent à leur terre patrimoniale la grosse seigneurie de Merdrignac décorée d'une grande forêt, de beaux étangs, du puissant château de la Hardouinaie[2]. Au cours de ce siècle et du suivant, on les voit en fréquentes relations d'affaires, d'amitié, même d'aillance avec les Rohan[3], sans être néanmoins à un degré quelconque dans la clientèle de cette superbe famille, car en 1309 Jean II de Beaumanoir se bat en duel judiciaire et « bataille jugée » contre le vicomte de Rohan[4].

Ce Jean II eut deux fils : l'aîné Jean III, sire de Beaumanoir, fut le père de Jean IV chef de la bataille des Trente ; le puîné nommé Robert joua un rôle important dans les premières années de la guerre de Blois et de Montfort ; il fut le *maréchal de Bretagne* du parti de Charles de Blois, ce qui était la première charge militaire

[1] Le Baud, *Histoire de Bretagne*, p. 210.
[2] D. Morice, *Preuves* I, 1010.
[3] *Ibid.* 1133, 1180, 1232.
[4] *Ibid.* 1222.

du duché, répondant à peu près à ce qu'on appelle aujourd'hui chef détat-major général. En 1342, il contribua à la reprise de Vannes sur Robert d'Artois[1] ; en 1346, à la bataille de la lande de Cadoret il commandait l'arrière-garde de l'armée blaisienne[2] ; en 1347, il fut pris par les Anglais à la bataille de la Roche Derien[3], et mourut probablement de ses blessures, car depuis lors il n'est plus question de lui, et l'on voit la charge de maréchal de Bretagne passer à son neveu, Jean IV, chef de la bataille des Trente.

L'éclat prodigieux de ce fait d'armes a effacé le souvenir des exploits antérieurs de ce dernier, mais le poste de capitaine de Josselin, occupé par lui en 1351, montre bien l'estime qu'on faisait de lui. Cette place avait une grande importance : elle était chargée de tenir en bride la garnison anglaise de Ploërmel, qui infestait et dominait tout le centre de la Bretagne. Donc il fallait pour commander à Josselin un homme de tête et de cœur, non moins prudent que ferme. Il fallait aussi un chef dont le respect s'imposât, car la garnison de Josselin comptait alors nombre de guerriers appartenant à l'élite de la noblesse et même de la chevalerie de Bretagne. On verra tout à l'heure quel respect et quelle confiance tous ses hommes avaient en Jean de Beaumanoir ; on verra avec quelle bravoure et quelle prudence il sut diriger le combat de Mi-Voie.

Quand Jean de Beaumanoir revenant de Ploërmel rentra à Josselin, son premier soin fut de conter aux Bretons qui gardaient cette place son orageuse entrevue avec Bembro et le combat convenu entre eux.

Tous l'écoutent en frémissant, tous applaudissent, tous rendent grâce à la Vierge de cette aubaine. Il y avait trêve à ce moment entre les partis de Blois et de Montfort, ce qui n'empêchait point les Anglais de torturer le peuple de Bretagne, mais depuis assez longtemps cela suspendait les grandes opérations de guerre et les grands coups d'épée. Tous ces braves Bretons saluent donc avec bonheur

[1] Voir Froissart-Luce III, p. 18, 220 ; et Le Baud, *Hist. de Bret.*, p. 287.

[2] Selon du Paz, *Hist. généal. de plus. maisons de Bretagne*, p. 98 (2e pagination).

[3] Le Baud. *Ibid.* p. 309. Sur tous les Beaumanoir ici mentionnés voir Du Paz, *Ibid.* p. 97-99.

cette excellente occasion de dérouiller leurs lances, tous s'écrient avec entrain :

— Oui, oui, nous irons gaîment détruire Bembro et ses soudards. Ce n'est pas de nous qu'il tirera des rançons ! Nous sommes vaillants, hardis, agiles, opiniâtres. Les Anglais périront sous nos coups. (Laisse 10, Crapelet, p. 17).

Il s'agit d'élire les combattants ; tous veulent en être ; pourtant, outre le chef il n'en faut que vingt-neuf. Avec l'avis de ses principaux compagnons, Beaumanoir choisit d'abord neuf chevaliers, puis vingt écuyers, tous des meilleures familles de Bretagne. Voici la liste complète de ces trente champions[1].

LES TRENTE BRETONS.

Le capitaine.

1. Jehan de Beaumanoir.

Les chevaliers

2. Tyntyniac [Jehan de][2],
3. Guy de Rochefort,
4. Charuel [Even],
5. Robin Raguenel de St-Yon[3],
6. Caro de Bodégat,
7. Guillaume de la Marche,
8. Ollivier Arrel,
9. Jehan Rousselet,
10. Geffray du Boys[4],

[1] Dans cette liste nous suivons pour l'orthographe des noms propres, la version du ms. Didot, beaucoup plus correcte que celle du ms Bigot. Nous rangeons aussi ces noms dans l'ordre donné par le ms. Didot, ordre qui est d'ailleurs, à peu de chose près, le même que dans l'autre manuscrit.

[2] Le prénom de Tinténiac n'est pas donné dans le poème de la *Bataille des Trente,* mais il est fourni par d'autres documents contemporains. Même remarque pour Charuel.

[3] Le texte du ms. Bigot désigne ainsi ce chevalier : « Et Robin Raguenel *en nom de Saint-Yon.* » La plupart des auteurs veulent voir là deux chevaliers, mais évidemment il n'y en a qu'un, Robin Raguenel, distingué des autres Raguenel (famille nombreuse) par le surnom de Saint-Yvon, apparemment un nom de fief. Le ms. Didot porte : « Et Robin Ragueunel *ou nom de Saint-Symon.* » D'après cette variante, le surnom aurait été différent, mais il n'y a jamais là qu'un seul chevalier avec un surnom, et non deux chevaliers distincts l'un de l'autre. Il n'y avait donc en réalité que trente combattants, en dépit de la plaisanterie mal fondée que certains érudits répètent volontiers : « Le Combat des *Trente*, ainsi nommé parce qu'ils étaient trente et un. »

[4] Les chevaliers sont dénommés dans la laisse 11, édit. Crapelet, p. 17 ; — les écuyers dans les laisses 12, 13, 14, Crapelet, p. 18, 19.

Les écuyers.

11. Guillaume de Montauban,
12. Alain de Tyntyniac,
13. Tristan d' Pestivien,
14. Alain de Keranraès,
15. Olivier de Keranraès,
16. Louis Gouyon,
17. Le Fontenai ou Le Fontenois,
18. Huet Captus (*lisez* Catus),
19. Geffroy de la Roche,
20. Geffroy Poulart,
21. Morice de Trezeguidy,
22. Guyon du Pontblanc,
23. Morice du Parc,
24. Geffroy de Beaucours,
25. Celuy de la Villon (1) (*lisez* La Villéon),
26. Geffroy Mellon ou Moelon (2)
27. Jehannot de Serrant (*lisez* Sérent),
28. Olivier Bouteville (3),
29. Guillaume de la Lande,
30. Symonet Richard.

Un point important, constaté par le témoignage du poème contemporain, c'est que du côté de Beaumanoir il n'y avait pas d'alliage, les champions étaient tous de « bons Bretons » (Laisse 21, Crapelet, p. 19).

Dans le camp adverse il en allait autrement. Bembro, qui s'était vanté de ne mener à cette bataille que des Anglais de race noble et pour le moins écuyers, n'avait même pas pu trouver trente champions anglais tels quels : il s'était vu obliger d'y adjoindre six aventuriers allemands dont l'un, Crokart, joua dans la lutte un rôle principal, et quatre Bretons du parti de Montfort (4)

1 C'est-à-dire « le sire de la Villéon. » C'est la version du ms. Didot, écrit en Bretagne et dont les noms sont beaucoup plus corrects que ceux du ms. Bigot qui a été écrit en Picardie. Ce dernier au lieu de « Celuy de *la Villon* » porte : « Et celuy de *Lenlop*, » seule version connue et admise jusqu'à présent, parce que le ms. Bigot a été publié par Crapelet et que le ms. Didot est encore inédit ; néanmoins en raison de l'exactitude habituelle de ce dernier manuscrit dans les noms propres, sa version (La Villon pour la Villéon) mérite plus d'autorité que celle du ms. Bigot.

2 Le ms. Bigot porte *Mellon*, le ms. Didot *Moelou* ou *Moelon*. Ces deux leçons pourraient bien s'appliquer à un même personnage.

3 C'est la version du ms. Didot ; le ms. Bigot porte *Monteville* au lieu de *Bouteville*. Ce sont les noms de deux anciennes familles bretonnes ; on ne voit point de raison pour préférer l'une à l'autre.

4 Le ms. Didot inédit porte :

« Trente furent par nombre et de trois nacions :
Car vingt Anglois y eust hardis comme lyons,
Avec six Allemans *avoit quatre Bretons*. »

Quant aux Anglais, c'étaient tous des soldats de fortune, quelques-uns nobles peut-être, mais de petite noblesse Parmi eux, deux très célèbres dans les guerres de Bretagne et de France au XIVe siècle, *Robert Knolles* et *Hugue de Calverly*. Les noms et surnoms des autres montrent, dans la plupart d'entre eux, tout au plus des gentilhommes d'aventure. Bembro poussa l'impudence jusqu'à armer chevalier, pour l'adjoindre à sa bande, un grossier rustaud, appelé Hubnie, Hulbure, ou (selon d'Argentré) Hubbite *le Villart* (*le Vilain* ?) misérable goujat qui avait la panse plus grosse qu'un cheval et pouvait porter au cou un plein setier de fèves : cet hercule forain avait promis d'écraser sous sa masse tous les Bretons, mais il tint mal sa promesse. — Voici d'ailleurs la liste des trente combattants du parti anglais :

Les Trente Anglais.

Le capitaine.

1. Robert Brambroch (1)

Les combattants (2).

2 Canoles (*lisez* Robert Knolles)
3. Cavarlay (*lisez* Hugue de Calverly),
4. Crucart (*lisez* Crokart ou Croquart) (3),
5. Messire Jehan Plesanton,

Le ms. Bigot (édit. Crapelet, p. 20) a, pour le dernier vers, cette variante : « Et six bons Allemans et quatre Brebenchons. » C'est là une des nombreuses fautes de ce manuscrit relatives aux noms propres Les noms des quatre derniers combattants du parti anglais (Comenan, Gaillart, d'Apremont, d'Ardaine) ne sont pas des noms brabançons, mais des noms de famille bretonnes, là-dessus tout le monde est d'accord.

[1] C'est la leçon du ms. Didot ; le ms. Bigot écrit *Bomcbourc*. Beaucoup de ces noms semblent plus ou moins altérés ; plusieurs d'entre eux, qui reviennent plus d'une fois, sont dans le même manuscrit, écrit de diverses façons Nous avons choisi, dans les deux manuscrits, les formes qui semblent les plus acceptables.

[2] Dans le poème de la *Bataille des Trente*, aucun des combattants du parti anglais n'est qualifié chevalier : cependant le chef Robert Bembro l'était, et aussi probablement Jean Plesanton (n° 5), gratifié du titre de *messire*.

[3] Il était Allemand, on le sait, ainsi que le n° 15 ci-dessous ; quant aux quatre autres Allemands, il semble assez difficile de les reconnaître.

6. Ridele le Gaillart,
7. Helecoq, son frère,
8. Jannequin Taillart,
9. Rippefort le Vaillant,
10. Richart d'Irlande,
11. Tommelin Belifort,
12. Huceton Clemenbean,
13. Jennequin Betoncamp,
14. Renequin Herouart,
15. Gaultier l'Alemant,
16. Hulbure ou Huebnie le Vilart
17. Renequin Mareschal,
18. Tommelin Hualton,
19. Robinet Melipart,
20. Isanay le Hardy,
21. Bicquillay (1),
22. Helichon le Musart,
23. Troussel,
24. Robin Adès,
25. Dango le Couart,
26. Le nepveu de Dagorne (2),
27. Perrot de Commelain (*lisez* Commenan) (3),
28. Guillemin le Gaillart,
29. Raoulet d'Aspremont,
30. D'Ardaine.

Après leur désignation par Bembro, tous les champions du parti anglais lui jurent, pleins de vantardise, d'exterminer Beaumanoir ou tout au moins de le faire prisonnier. Celui-ci, dans le même temps, sans faire tant de bruit, prend de sages mesures et adresse à Dieu de ferventes prières pour obtenir le succès (Laisse, 17, Crapelet, p. 20-21)

Le jour du combat venu, Bembro part de grand matin avec son monde, et pendant toute la route il exalte ses hommes par ses vanteries :

— Compagnons, crie-t-il, nous aurons aujourd'hui la victoire ; Beaumanoir tombera en notre puissance, tous les siens seront tués ou prisonniers, nous les enverrons à notre gentil roi Edouard. Les Bretons battus à plates coutures n'oseront plus tenir devant nous, la Bretagne et la France seront la proie des Anglais. Vous pouvez être sûrs de ce que je vous dis, car *j'ai fait lire mes livres*, j'ai fouillé dans les prophétie de Merlin : c'est lui qui a prédit tout cela ! (Laisses 20 et 21, Crapelet, p. 22).

[1] Ce nom n'existe que dans le ms Didot ; il manque dans le ms. Bigot qui n'a que vingt-neuf noms Le ms. Didot, le plus complet, n'en a que trente et non trente-un. Il n'y avait donc en tout de chaque côté que trente combattants, y compris le chef de chaque bande.

[2] C'est un neveu de Thomas de Dagworth, qui s'appelait, croit-on, Nicolas.

[3] Celui-ci et les trois derniers sont les quatre Bretons monfortistes qui vinrent compléter la bande de Bembro.

Les Anglais arrivent les premiers au chêne de Mi-Voie. En attendant les Bretons, Bembro recommence ses gloses sur Merlin et larde de ses railleries les retardataires.

Le retard des Bretons provenait de la façon dont, avant de quitter Josselin, ils s'étaient préparés à la bataille. Tous s'étaient confessés, avaient reçu l'absolution, et entendu plusieurs messes. Puis leur chef en quelques paroles s'était efforcé de faire passer en eux l'énergie inébranlable de son cœur, la clairvoyante fermeté de son esprit :

— Vous allez avoir affaire à des ennemis d'une audace sans égale, acharnés à notre perte. Faites donc appel à tout votre courage; tenez-vous dans le combat serrés les uns contre les autres comme la prudence le commande aux plus vaillants[1]. Songez, si Jésus-Christ nous donne la victoire, songez à la joie qu'en ressentiront tous les guerriers de France, le pieux duc et la noble duchesse que nous avons pour souverains, qui jusqu'à la fin de leur vie ne cesseront de nous en témoigner leur reconnaissance (Laisses 18 et 19, Crapelet, p. 21).

Ainsi parla Beaumanoir. — Entre la préparation des Bretons et celle des Anglais, entre le caractère le langage du maréchal de Bretagne et celui de Bembro, le contraste est frappant.

Le chef anglais, voyant le retard des Bretons, redouble ses fanfaronnades :

— Où est-tu Beaumanoir ? crie-t-il. Il ne viendra pas, vous verrez. Il est trop sûr d'être battu (Laisse 22, Crapelet, p. 22).

Au même instant Beaumanoir paraît. Alors ce qui caractérise très bien l'état mental de Bembro, — ce matamore qui à l'instant ne parlait que de tuer et d'écraser tout, maintenant il ne veut plus combattre, il veut ajourner la lutte. S'avançant poliment vers Beaumanoir :

— Bel ami, dit-il, il faut remettre ce combat. Il faut consulter nos maîtres, moi le roi Edouard, vous le roi de Saint-Denys[2]. Si cela

[1] « Tenés vous l'un à l'autre com gent vaillant et sage. »
Cet ordre de Beaumanoir est d'autant plus curieux à noter, qu'il ne fut pas obéi.

[2] C'est-à-dire le roi de France, à qui les Anglais donnaient ce surnom, depuis que le roi anglais Edouard III revendiquait pour lui-même la couronne de France.

BIBLIOTHÈQUE NATIONALE R.F. IMPRIMÉS

leur agrée, nous reviendrons ici nous battre ; mais il nous faut leur assentiment (Laisse 23, Crapelet p. 23).

Beaumanoir surpris, choqué de cette retraite *in extremis*, répond froidement qu'il va consulter ses compagnons. La délibération n'est pas longue Even Charuel tout rouge de colère s'écrie :

— Messire, nous sommes ici trente venus en ce pré garnis de bonnes armes, tout exprès pour combattre Bembro et venger sur lui le mal qu'il fait à la Bretagne et à son noble duc. Malheur à qui s'en ira d'ici sans se battre ou remettra la bataille à un autre jour ! (Laisse 24, Crapelet, p. 23).

Tous les autres applaudissent.

— Vous voyez Bembro, dit Beaumanoir, tous mes hommes veulent se battre ; impossible de remettre la partie. (Laisse 25, Crapelet, p. 24).

Chose étrange, Bembro insiste :

— Vous êtes fou, Beaumanoir. Vous voulez donc détruire d'un coup toute la fleur des barons du duché ! Quand ils seront morts, impossible de retrouver leurs pareils.

— Détrompez-vous, Bembro ; je n'ai point ici avec moi le baronage de Bretagne : ni Laval, ni Rochefort, ni Lohéac ni Rohan, ni Quintin, ni Léon, ni Tournemine, ni les autres grands barons. Mais j'ai avec moi de nobles chevaliers et la fleur des écuyers de Bretagne, qui ont tous juré de vous détruire ou de vous faire prisonniers, vous et les vôtres, avant l'heure de complies. (Laisse 26, Crapelet, p. 24-25).

Bembro riposte, bien entendu, par une hautaine bravade, puis revenant vers les siens, il crie avec rage :

— Les Bretons sont perdus. Frappez sur eux ! Tuez tout et qu'il n'en échappe pas un !

Alors,

D'assaillir, les soixante, ilz sunt tous d'un accord.

(Vers 340, Crap., p. 25)

Et le combat commence.

III

LES DIVERSES PHASES DU COMBAT.

Avant l'événement final — c'est-à-dire l'écrasement des Anglais, — la bataille des Trente se développa en quatre phases successives, nettement indiquées et bien caractérisées dans le poème, pour peu qu'on sache le lire et le comprendre. Toutefois pour avoir une vue exacte du théâtre de l'événement et de la situation des partis au début du combat, il faut recourir à Froissart, qui en donne un plan très précis et très exact.

« Quand le jour fut venu (dit-il), les trente compagnons Bran- « debourch (ou Bembro) ouïrent messe[1], puis se firent armer et « s'en allèrent en la place où la bataille devoit estre. Et *descendi- « rent tous à pied*, et deffendirent à tous ceux qui là estoient que « nul ne s'entremît d'eux, pour chose ni pour meschef qu'il vît avoir « à ses compagnons[2]. »

Par les mots « tous ceux qui là estoient » il faut entendre les curieux en grand nombre venus de Josselin, de Ploërmel, de tous les lieux d'alentour pour contempler ce combat, et auxquels les Anglais interdirent expressément d'intervenir dans la bataille, quoi qu'il pût arriver. Froissart continue : « Cil trente compagnons, « que nous appellerons Englois à ceste besongne, attendirent lon- « guement les autres que nous appellerons François — Quand les « trente François furent venus, *ils descendirent à pied* et firent à « leurs compagnons le commandement dessusdit[3]. »

« Leurs compagnons, » c'était les amis, les voisins, les compatriotes venus avec eux pour être témoins du combat, dans lequel les

[1] Le poème des Trente ne parle point de la messe entendue par les Anglais avant leur départ de Ploërmel, les mœurs du temps ne permettant guère de croire qu'ils aient omis cet acte de religion ; mais on ne voit point qu'ils se soient, comme les Bretons, prémunis contre les dangers de la bataille par la confession et la communion.

[2] Froissart, édition Luce, IV, p. 112. Nous citons le texte littéralement en nous bornant à rapprocher de la forme moderne l'orthographe de quelques mots.

[3] Id. *Ibid.* p. 112-113.

Français (c'est-à-dire les Bretons) leur défendirent formellement de s'entremettre, comme les Anglais l'avaient fait à ceux de leur parti venus pour le même motif.

« Et quand ils furent l'un devant l'autre (ajoute Froissart), *ils « parlementèrent un petit ensemble tous soixante*[1] ; *puis se retrairent « *[2] *arrière les uns d'une part et les autres d'autre*. Et firent toutes « leurs gens traire[3] au dessus de la place[4] bien loin. »

Quand Froissart nous montre les deux troupes en face l'une de l'autre, engageant entre elles un colloque, il s'accorde très bien avec le poème, qui, on l'a vu, nous en fait connaître l'objet, c'est-à-dire la proposition faite par Bembro d'ajourner la bataille[5]. — « Toutes leurs gens » dont parle ici Froissart, ce sont les gens de service qui accompagnaient les combattants, les palefreniers pour garder les chevaux, les écuyers servants et les hérauts d'armes pour tenir haut les bannières des chevaliers, les valets portant des vivres, des rafraîchissements, les *mires* (les médecins pour soigner les blessés, etc.

Au milieu d'une vaste lande ou pacage, qu'on appelle dans le poème « le pré herbu[6], » et qui à ce moment de l'année devait être couvert tout au plus d'une herbe courte et rase, il faut se représenter, pour point central, le chêne de Mi-Voie, non pas vêtu d'une verte et opulente frondaison, comme l'en gratifient tous les tableaux et gravures de la bataille des Trente, mais tordant vers le ciel ses grands bras noirs, ses ramures grisâtres, ses branches nues et rugueuses, car ce n'est pas l'habitude des chênes de Bretagne d'être couverts de feuilles le 26 mars.

Près de cet arbre, formant en face l'une de l'autre deux lignes plus ou moins régulières, les deux troupes de combattants. En arrière de chacune d'elles, séparés d'elles par un large espace, les

[1] Puisque, *en tout*, ils sont *soixante*, il n'y en avait donc que trente de chaque côté et non trente-un (Froissart, édit. Luce, IV, p. 113).

[2] Se retirèrent.

[3] Ils firent retirer leurs gens.

[4] La place où devait avoir lieu le combat.

[5] Ce colloque préliminaire est le sujet de la vignette mise en tête du manuscrit Didot.

[6] Laisses, 18, 2?, Crapelet, 21 et 22.

chevaux, les hérauts, les gens de service de chaque parti. Plus loin encore en arrière, figurant un vaste cercle, la foule des spectateurs accourus de tous les coins du pays pour contempler cette grande lutte ; et bien qu'il y eût dans cette foule une grande vivacité d'émotions, de profondes oppositions de races de partis et de sentiments, aucune collision, aucun trouble ne s'y produisit, car il y avait trêve alors, nous l'avons dit, entre les belligérants ; mais cette trêve, selon les usages du temps, ne mettait nul obstacle aux combats particuliers par défi et cartel, comme celui de Mi-Voie.

Voilà la scène, voyons le drame.

Première phase du combat.

Après avoir parlementé quelque temps, les deux troupes, Froissart le dit, reculèrent chacune de leur côté, mais en se faisant face, de manière à laisser entre elles un espace libre. « Puis, ajoute « Froissart, l'un d'eux fit un signe et tantost[1] se coururent sus et « se combatirent fortement *tout en un tas*, et rescouoient[2] bellement « l'un l'autre quand ils voyoient leurs compagnons à meschef[3]. »

Ainsi dans ce premier choc entre les deux partis, dans cette première *jointe,* comme on disait alors, l'ordre donné par Beaumanoir à ses compagnons de combattre en se tenant serrés les uns contre les autres, c'est-à-dire en formant une ligne de bataille, ne fut observé ni par eux ni par leurs adversaires. Pas de ligne de bataille ni de part ni d'autre, puisqu'ils se battirent *tout en un tas.* En réalité, les deux troupes brûlant d'en venir aux mains coururent rapidement l'une sur l'autre sans garder aucun ordre ; chacun des combattants se rua sur l'adversaire qu'il trouva devant lui sans combiner le moins du monde son action avec celle de ses compagnons ; les deux troupes pénétrèrent ainsi l'une dans l'autre et se livrèrent, au hasard des rencontres, une série assez désordonnée de luttes individuelles. En un mot, cette phase du combat fut une *mêlée* dans toute la force du terme.

Cette mêlée ne favorisa pas d'abord les Bretons ; deux d'entre

[1] Aussitôt.

[2] Et se secouraient.

[3] En péril.

eux furent tués : un chevalier, Jean Rousselot ou Rouxelet, et un écuyer, Geofroi Mellon. Trois autres très blessés furent faits prisonniers, dont deux chevaliers, Even Charuel et Caro de Bodégat, et un écuyer, Tristan de Pestivien[1]. D'où une notable infériorité pour les Bretons réduits à vingt-cinq champions contre trente Anglais. « Mais pour ce, dit Froissart, ne laissèrent « mie les autres de combatre, ains[2] se maintinrent moult vassau- « ment[3] d'une part et d'autre, aussi bien que si tous fussent Rol- « lands et Oliviers... Mais tant se combatirent longuement que « tous perdirent force et baleine et pouvoir entièrement. Si leur « convint arrester et reposer ; ils se reposèrent par accord, *les uns « d'une part, les autres d'autre*[4]. »

Il y eut une suspension d'armes pour permettre aux combattants épuisés de fatigue de prendre quelque rafraîchissement. Tous en effet allèrent « querre à boire, »

« Chascun en sa boutaille, vin d'Anjou y fut bon. » (Crapelet, p. 26).

On a peint les Anglais et les Bretons se mêlant, pendant cette courte trêve, plaisantant, buvant ensemble[5]. Le poème ne dit rien de semblable, et Froissart, on vient de le voir, affirme au contraire que les deux partis se tirèrent chacun à quartier et allèrent se reposer « les uns d'une part, les autres d'autre ». Ce qui était assurément beaucoup plus naturel.

Pendant cette suspension du combat, Beaumanoir arma chevalier, sur sa demande, Geofroi de la Roche, dont un des ancètres avait pris part à la conquête de Constantinople, et qui promit de soutenir le renom de sa race en frappant rudement sur les Anglais. Laisse 30, Crapelet p. 26).

[1] Voir laisses 27, 28, 30, Crapelet, p. 25 et 26. Il y a quelque obscurité dans les laisses 27 et 28, surtout en ce qui touche Tristan de Pestivien, qu'on pourrait croire mort. Mais comme on le retrouve plus loin (laisse 31, Crap., p. 29) blessé mais vivant, et que la laisse 30 (Crap., p. 26) dit positivement que les Bretons eurent là *trois* des leurs prisonniers et *deux* morts, il est clair que Tristan de Pestivien ne fut pas tué en cette rencontre mais seulement blessé et pris.

[2] Mais.

[3] Très vaillamment.

[4] Froissart, édit. Luce, IV, 113.

[5] Pol de Courcy, *Combat des Trente*, p. 11.

Deuxième phase.

La courte trêve a pris fin. Les deux partis sont de nouveau en face l'un de l'autre.

Cette deuxième phase du combat commence, comme la première, par un dialogue. Exalté sans doute par les fumées capiteuses du vin d'Anjou, plus encore peut-être par l'échec partiel des Bretons où il voit déjà l'accomplissement des prophéties de Merlin, Bembro lance à Beaumanoir des bravades et d'inconvenantes plaisanteries :

Rends-toi tost, Beaumanoir, je ne t'occirai mie ;
Mais je ferai de toi un présent à m'amie,
Car je lui ai promis, ne lui mentirai mie,
Qu'aujourd'huy te mettrai en sa chambre jolie.
(Laisse 30. Crap., p. 27).

Beaumanoir ainsi provoqué lui répond gravement :

— Jette le dé, Bembro, ne t'épargne pas. Le sort va te frapper, ta mort est proche ! (Laisse 30. Crap., p. 27-28).

Au même instant, indigné des insultes de Bembro, un écuyer breton, Alain de Keranrais, lui crie :

— Comment, vil glouton, tu te flattes de faire prisonnier un homme comme Beaumanoir ! Eh bien, moi je te défie en son nom, tu vas sentir à l'instant la pointe de ma lance.

Il lui en porte en même temps un coup en plein visage, la lance pénètre sous le crâne, Bembro s'abat lourdement. Pendant que ses compagnons se jettent sur Keranrais, le chef anglais d'un effort désespéré se relève et cherche son adversaire ; il trouve devant lui Geofroi du Bois, qui lui lance à tour de bras sa hache d'armes dans la poitrine. Bembro tombe mort. Du Bois triomphant s'écrie :

— Beaumanoir, mon cher cousin germain que Dieu garde ! où es-tu ? Te voilà vengé. (Laisse 31, Crapelet, p. 28).

Cette mort imprévue et si soudaine jette dans les deux partis une telle émotion que la bataille s'interrompt quelques instants. Les Bretons célèbrent par des cris de joie la mort de Bembro ; Beaumanoir impassible les fait taire :

— Laissez celui-là, dit-il, allez aux autres et combattez fort ! le moment en est venu. *(Ibid.)*.

Et en effet les Anglais, après quelques instants de consternation et d'affolement, reprennent leur sang-froid et se groupent autour d'un nouveau chef, l'aventurier Crokart.

Troisième phase.

Ce Crokart, Allemand de nation, était le type du soldat de fortune, « un vaillant voleur » dit d'Argentré. D'abord page ou laquais d'un *mein herr* de Hollande ; son maître mort, il vint chercher fortune à la guerre de Bretagne et entra dans la bande ou compagnie d'un seigneur anglais qui ne tarda pas à être tué ; les compagnons qui formaient cette bande, charmés de l'audace et de l'impudence de Crokart, le prirent pour chef. Alors il fit de beaux exploits de brigand-routier, surprenant, pillant maisons, bourgs, châteaux, qu'il revendait à gros prix aux propriétaires, si bien qu'il fut bientôt riche de 60,000 écus sans compter une écurie de « vingt ou trente bons coursiers et doubles roncins[1] ». Le roi de France voulut l'acheter, promettant de le faire chevalier, de le marier richement, de lui donner « 2,000 livres par an » (100,000 fr., valeur actuelle). Il refusa, préférant pour le plaisir et le profit garder son métier de « vaillant voleur[2] ».

Bembro, enflé d'arrogance, esprit rêveur et extravagant, avait mis toute sa confiance dans les prophéties de Merlin. Crokart était un autre homme : en s'adressant à sa troupe, il ne se gêne pas pour se moquer du défunt :

— Seigneurs, dit-il, vous voyez comme Bembro, qui nous a amenés ici, nous manque juste au moment du danger. Tous ses livres de Merlin « que il a tant amés, » il n'en a pas tiré deux deniers. Voyez-le, il gît *goule bée*, « étendu tout à plat sur ce pré. » (ms. Didot). Quant à vous, bons Anglais, je vous en prie, agissez en hommes de cœur. *Tenez vous estroitement serrés l'un contre l'autre*,

[1] Un *roncin* est parfois un cheval de somme, toujours un cheval de grande taille et de forte encolure.

[2] Voir Froissart, édit. Luce, IV, p. 69-70 ; et d'Argentré, *Hist. de Bret.*, édit. 1618, p. 392.

et que quiconque vous attaque tombe mort ou blessé. — Tous les Anglais exécutent rapidement cet ordre (Laisse 32, Crapelet, p. 29).

Par suite de cette manœuvre, le combat change de face. Jusqu'ici c'était une mêlée, une série de duels et de luttes par petits groupes, sans ordre ni plan. Désormais, c'est un combat régulier. Les vingt-neuf champions anglais étroitement serrés coude à coude, brandissant devant eux leurs longues piques, forment une ligne de bataille impénétrable, contre laquelle les Bretons lancent et redoublent leurs attaques sans pouvoir la briser ; ils n'y gagnent que des blessures. Les Anglais reprennent courage et chantent déjà leur victoire :

— Vengeons, vengeons Bembro, notre loyal ami ! Tuons-les tous ! n'épargnons rien, la journée sera à nous avant le soleil couchant (Laisse 33, Crap., p. 30).

De son côté le bataillon breton s'est renforcé des trois prisonniers de Bembro — Charuel, Bodegat et Pestivien, — qui délivrés par la mort du chef anglais viennent reprendre leur rang dans la troupe de Beaumanoir et se jettent vaillamment sur les Anglais (Laisse 32, Crap., p. 29). Néanmoins Beaumanoir est plein d'angoisse :

— Si nous ne rompons pas leur ligne, dit-il, honte et malheur sur nous !

Cependant les Bretons s'avisent que cette ligne, formant une muraille de fer énergiquement défendue par les piques et les haches des Anglais, si elle est infrangible quand on l'attaque de face, a cependant deux points faibles, très vulnérables, ses deux extrémités. Pendant que Beaumanoir avec quelques-uns des siens continue l'attaque au centre, les autres Bretons se portent sur les deux bouts de la ligne anglaise, que les compagnons de Crokart s'efforcent de défendre avec fureur ; le combat devient là si ardent et si terrible que le cliquetis des armes, les cris de douleur et de fureur des combattants s'entendent à une lieue loin[1].

[1] « Et commencza bataille et cruelle et pesant,
Que *une lieue entour* va tout restondissant. »
(Ms. Didot, v. 458).

Le ms. Bigot (Crapelet, p. 30) porte seulement : *Un quart de lieue entour*, ce qui est peu.

Dans cet assaut, la bande de Crokart finit par avoir le dessous ; quatre de ses champions (deux Anglais, un Allemand et le Breton d'Ardaine) sont tués. Les Bretons achètent chèrement ce succès : l'un d'eux, Geofroi Poulart, est couché sur le pré « tout dormant » ; presque tous, lardés par les piques anglaises, ont de grandes plaques de sang sur leurs armures et sous leurs pieds la terre est toute rouge de sang (Laisses 33, 34, Crapelet, p. 30). Beaumanoir lui-même gravement blessé, et qui fidèle à la loi du Carême a jeûné ce jour-là, mourant de faim, de fatigue et de soif par la perte de son sang, demande à boire et provoque l'héroïque réponse de Du Bois :

Bois ton sang, Beaumanoir, la soif te passera ! (Laisse 34, Crapelet, p. 31).

Réponse qui fait bondir Beaumanoir et le jette plus ardent que jamais sur les Anglais.

Quatrième phase.

LE TRIOMPHE DES BRETONS

Crokart, voyant le défaut de sa première manœuvre, la rectifie, la complète ; il ordonne aux deux extrémités de sa ligne de bataille de se réunir en se recourbant l'une vers l'autre, toujours faisant face à l'ennemi, de façon à former ce qu'on appelait alors un *hérisson* ou *moncel*, c'est-à-dire un bataillon carré, véritable tour vivante dont les murs, faits de combattants soudés ensemble, sont hérissés de haches, de piques, de faucharts, etc. Ce que le poème des Trente exprime très bien quand il dit :

Là furent les Englois *tretoux en un moncel*...
Tous sont en un moncel, com si fussent liés :
Homme n'entre sur eulx ne soit mort ou bleciés (vers 494, 514-515).

Les Bretons se lancent intrépidement sur ce *moncel*, ils n'y gagnent que des horions. Les Anglais se défendent avec une énergie farouche :

Cil[1] combatoit d'un mail[2] qui pesoit bien le marc
De cent livres d'acier.. .
Cil qu'il atteint à coup dessus son hasterel[3]
Jamais ne mangera de miche ne de gastel[4].

Un autre

....combattait d'un fauchart
Qui tailloit d'un costé, crochu fut d'autre part.
Devant fut amouré[5] trop plus que n'est un dart ;
Cil qu'il atteint, à coup l'âme du corps lui part[6].

En face de ce bloc terrible sur lequel on ne pouvait mordre, mais qui mordait et navrait ceux qui l'attaquaient ou l'approchaient de trop près, Jean de Beaumanoir était consterné :

Moult grant deul a de voir devant lui tel jouel[7].

Geofroi du Bois s'efforce de rassurer le chef et de relevèr son espoir :

— Pourquoi donc désespérer, noble sire ? N'avez-vous pas encore avec vous tous vos chevaliers, Charuel, La Marche, Arrel, Tinténiac le preux, Raguenel, Rochefort, Geofroi de la Roche [il eût dû aussi se nommer lui-même]. Tous sont prêts à combattre avec autant de force et de vaillance que des jeunes gens ; ils sont bien capables de venir à bout des Anglais. (Laisse 35, Crapelet, p. 32).

Beaumanoir demeure fort anxieux. Car si l'on ne parvient pas à enfoncer le bataillon carré de Crokart, il est aisé de prévoir ce qui va arriver. Les Bretons vont s'acharner dans cette lutte et, exaspérés, s'exposer de plus en plus aux coups des Anglais ; les plus braves d'entre eux finiront par être tués ou mis hors de combat, leur bataillon décimé, démoralisé, très affaibli. Alors les Anglais, qui

[1] Celui-ci, ou celui.
[2] Maillet, masse d'armes.
[3] Sur la nuque.
[4] Gâteau. Crapelet, p. 21 et 31.
[5] Affilé.
[6] Crapelet, p. 19-20
[7] « Un tel joyau » (ironiquement), un tel appareil de résistance militaire. Laisse 35, Crapelet, p. 31.

tassés dans leur *moncel* comme dans une forteresse, sont beaucoup moins exposés aux coups et se fatiguent bien moins que les Bretons, les Anglais voyant leurs adversaires découragés, abattus, réduits de moitié, fondront sur eux tout à coup et les mettront en déroute.

Beaumanoir envisageait d'un œil morne cette triste perspective, quand il voit à l'improviste un de ses compagnons quitter le combat et encore un des plus braves, Guillaume de Montauban ! Le chef lui crie indigné :

> — ... « Amy Guillaume, qu'est-ce que vous pensez ?
> Comme faux et mauvais courant vous en allez !
> A vous et à vos hoirs vous sera reprouchiez. » —
> Quand Guillaume l'entend, *un ris en a jetté.*

Il ne se contente pas de rire ce fuyard Guillaume, il répond :

> Besoingnez, Beaumanoir, franc chevalier membrez [1],
> Car bien besoingnerai, ce sont tous mes pensés,

Ainsi parlant, il saute sur le dos de son cheval, le presse de l'éperon avec tant de vigueur

> Que le sanc tout vermeil en chaït sur le pré[2],

et le précipite sur le terrible rempart des piques anglaises, pendant que lui-même frappe sur les Anglais à grands coups de lance. Manœuvre des plus téméraires, dans laquelle, si on l'eût tentée au commencement de la bataille contre des adversaires en possession de toutes leurs forces, cheval et cavalier auraient infailliblement péri, percés et transpercés. Contre des ennemis affaiblis par la fatigue d'une longue et terrible lutte, c'était encore un coup de folle bravoure, qui avait une chance sur cent de réussir.

Il réussit.

Montauban et son vaillant coursier, traversant une première fois le bataillon anglais, renversent sept ennemis, puis revenant sur leur

[1] Renommé, illustre,

[2] En jaillit sur le pré. — Ce vers et les six précédents sont pris dans la laisse 36, Crapelet, p. 32-33.

pas et traçant dans cette masse un second sillon, ils en écrasent trois autres. En même temps tous les Bretons se précipitent dans la trouée et se jettent sur leurs adversaires. Sous ce choc quatre ou cinq de ces derniers sont encore tués. Knolles et Calverly qui s'obstinent à résister ont la mort sur la tête; enfin ils se résignent à se rendre. On ne parle point de Crokart : il dut se rendre aussi, car il ne mourut que plus tard, assez piteusement ; un de ses trente doubles roncins le jeta dans un fossé et lui cassa le cou [1].

Quant aux autres champions anglais, à commencer par les plus huppés, messire Jean Plesanton, Ridèle le Gaillard, Helcoq son frère, Rippefort le Vaillant, Richard d'Islande le Fier, sans oublier Hucheton Clamaban et son fauchart, Thomas Belifort et sa masse d'armes de cent livres, tous malgré leurs fanfaronades s'avouèrent vaincus, demandèrent quartier et suivirent en prisonniers leurs vainqueurs, quand ceux-ci rentrèrent triomphalement, le soir, à Josselin.

Les Bretons dans cette journée ne perdirent, semble-t-il, que trois des leurs : le chevalier Jean Rousselet, les écuyers Geofroi Mellon (ou Moëlon) et Geofroi Poulart. Du côté des Anglais il y aurait eu, selon Froissart, une douzaine de morts. Des survivants de l'un et de l'autre parti, pas un qui ne fût couvert de blessures, beaucoup navrés de plaies énormes. Une quinzaine d'années plus tard, Froissart vit un des trente Bretons de Mi-Voie, Even Charuel, à la table du roi de France Charles V : « Il avait, dit-il, le viaire si détaillé et « si découpé (le visage si tailladé et si déchiqueté) qu'il monstroit que « la besogne fut bien combatue... Et pour ce qu'il avoit esté l'un « des Trente, on l'honoroit sur tous les autres [2]. »

Froissart, en effet, écho fidèle de l'opinion de ses contemporains, ne ménage pas son admiration à la grande lutte de Mi-Voie : c'est à ses yeux « *un moult haut, un moult merveilleux fait* « *d'armes*, qu'on ne doit mie oublier, mès le doit-on mettre avant, « pour tous bacheliers encoragier et exemplier [3]. »

Telle fut la bataille des Trente.

1 Froissart-Luce, IV, p. 70.
2 Froissart-Luce IV, p. 115 et 341.
3 Id. *Ibid.* p. 110 et 338.

Au milieu des défaites de la France, entre le désastre de Créci (1346) et celui de Poitiers (1356), cet exploit merveilleux éclate comme dans un ciel noir d'orages un coup de soleil vainqueur. Il illumine le nom breton d'une auréole de gloire que cinq siècles n'ont point ternie Aujourd'hui encore, quand devant la pyramide de Mi-Voie un régiment passe, les clairons sonnent, les tambours battent, le drapeau s'incline, officiers et soldats présentent les armes.

Tous saluent ce sol sacré, qui a bu le sang des héros – qui a porté la lutte sublime, terrible, des Trente immortels champions de l'humanité et de la justice, de l'honneur militaire et national de la Bretagne et de la France.

Le peuple des campagnes bretonnes n'a point oublié non plus ceux qui versèrent là pour sa défense le plus pur de leur sang. Vers l'an 1840, un aveugle nommé Guillarm Ar Foll, de Plounevez-Quintin paroisse bretonnante de la haute Cornouaille[1], psalmodiait une vieille chanson bretonne dite *Stourm an Tregont* (*la Bataille des Trente*). M. de la Villemarqué passant par là d'aventure la recueillit et en fit quelques années après, l'un des ornements de son beau recueil de poésies bretonnes, le *Barzas-Breiz*. En voici quelques couplets. D'abord, la prière des trente Bretons au patron des guerriers de la Bretagne, saint Cado :

« Seigneur saint Cado, notre patron, donnez-nous force et courage, afin qu'aujourd'hui nous vainquions les ennemis de la Bretagne.

« Si nous revenons du combat, nous vous ferons don d'une ceinture et d'une cotte d'or, d'une épée et d'un manteau bleu comme le ciel.

« Et chacun dira en vous regardant, ô seigneur saint Cado béni : Au paradis, comme sur terre, saint Cado n'a pas son pareil ! »

En quelques traits énergiques, voici la bataille :

Depuis le petit point du jour ils combattirent jusqu'à midi ; depuis midi jusqu'à la nuit ils combattirent les Anglais.

Les coups tombaient aussi rapides que les marteaux sur les enclumes; aussi gonflé coulait le sang que le ruisseau après l'ondée ;

Aussi déchiquetées étaient les armures que les haillons des mendiants; aussi sauvages les cris des chevaliers dans la mêlée que la voix de la grande mer...

[1] Aujourd'hui com^ne du c^ton de Rostrenen, arr. de Guingamp, Côtes-du-Nord.

Enfin, le glorieux triomphe, où reparaît saint Cado :

Il n'eût pas été l'ami des Bretons, celui qui n'eût point applaudi dans la ville de Josselin, en voyant revenir les nôtres vainqueurs, des fleurs de genêts à leurs casques.

Il n'eût pas été l'ami des Bretons, ni des saints de Bretagne non plus, celui qui n'eût pas béni saint Cado, patron des guerriers du pays ;

Celui qui n'eût point admiré, point applaudi, point chanté : « Au paradis comme sur terre, saint Cado n'a point son pareil ![1] »

[1] Voir La Villemarqué, *Barzas-Breiz*, édit. I, p. 313, 325, 327, 327, 331.

IMPRIMES

Vannes. — Imprimerie LAFOLYE, 2, place des Lices.

www.ingramcontent.com/pod-product-compliance
Ingram Content Group UK Ltd.
Pitfield, Milton Keynes, MK11 3LW, UK
UKHW021029200726
13857UKWH00004B/1663

9 782013 047821